1, 2, 3 histoires de Caniches !

PRODUCED BY : THE DOG PROJECT
http:www.thedog-club.com/

Conception graphique : Valérie Gibert et Philippe Sedletzki

Hachette Livre, 43, quai de Grenelle, 75015 Paris

1, 2, 3 histoires de Caniches !

Écrit par Katherine Quenot

HACHETTE

Tout frisé comme un pompon,
le caniche ressemble à une adorab
peluche. Mais attention, c'est une

peluche qui a du caractère ! Très intelligent, il a une excellente mémoire. C'est un vrai acrobate, et il enregistre tout ce qu'on lui apprend à une vitesse folle. C'est pour ça qu'on le fait souvent travailler dans les cirques ! Mais avec toutes ces qualités, les caniches ont aussi tendance à devenir un peu... vantards !

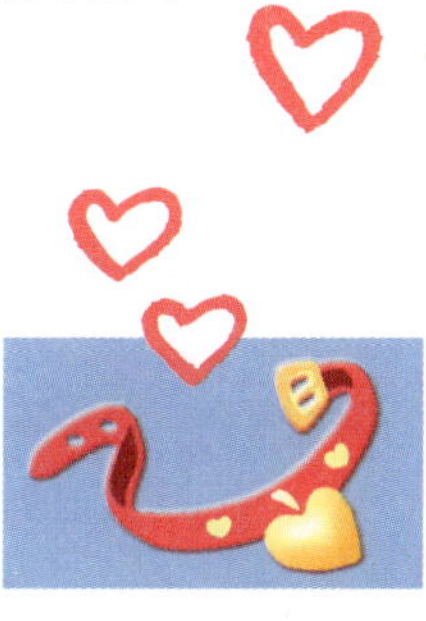

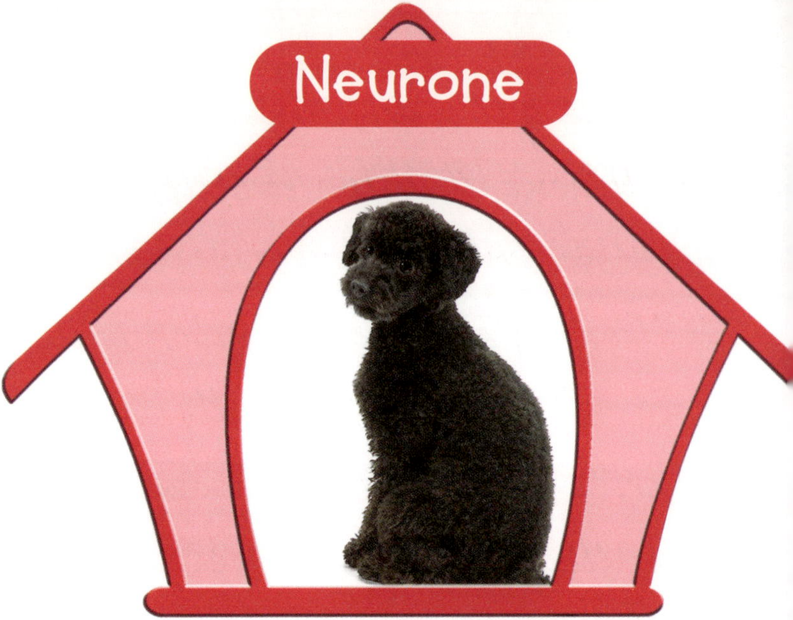

Wouaf, je suis Neurone, le caniche nain surdoué ! En vérité, je suis un grand intellectuel. Je comprends tout, je sais tout, il ne me manque

que la parole... Je pense que ça viendra un jour ! En attendant, je n'aime pas qu'on me fasse perdre mon temps à des sottises. Et ce que j'aime encore moins, c'est qu'on me parle comme un petit chien-chien à sa maman ! Je me demande s'il est né, celui qui saura m'apprivoiser...

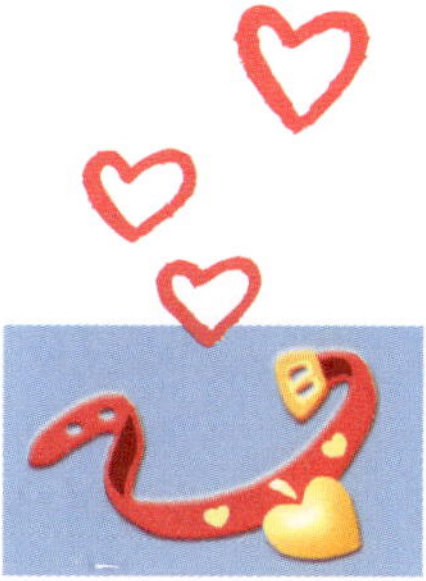

1

Neurone

Aucun doute, Neurone respire l'intelligence, comme d'autres l'odeur de la pâtée qui arrive. C'est l'avis de

l'éleveur et c'est aussi le sien, d'ailleurs...

Ce matin-là, alors que Neurone réfléchit au sens de la vie et à la soi-disant supériorité des humains, un jeune couple s'approche du box où jouent les petits caniches...

— Prenez celui-là, messieurs dames, leur dit l'éleveur qui les accompagne, c'est le plus intelligent !

Neurone se redresse, le museau frémissant. On parle de lui, c'est évident. Neurone sait parfaitement ce que

viennent faire ces gens. Ils viennent l'acheter très cher pour l'emmener chez eux et le traiter comme un roi...

Comme il s'y attendait, Neurone est choisi. Il souhaite à ses frères et sœurs autant de chance que lui, puis la dame le prend dans ses bras et ils montent en voiture.

— Gentil chien-chien ! s'écrie-t-elle, tandis qu'elle l'installe sur ses genoux.

Neurone manque d'avaler sa salive de travers. « Gentil chien-chien » ? Qu'est-ce que c'est que ce langage ?

Peu après, la voiture arrive à destination. Neurone observe sa nouvelle maison d'un œil critique. Bon, ça va. C'est chic et de bon goût... Digne de lui !

— Arthur ! appellent les parents en chœur. Ton chien-chien est là !

Quand Arthur apparaît, Neurone soupire de soulagement. Il préfère de loin le fils aux parents ! Un intellectuel, avec ses petites lunettes rondes...

— On a pris le plus intelligent, lui annonce sa mère fièrement. Il te plaît ?

Arthur sourit jusqu'aux oreilles.

— Il est très mignon. Mais je vais lui faire passer des

tests. Comme ça, on sera sûr qu'il est intelligent ! D'accord, Neurone ?

— Wouaf ! *Ça ne va pas la tête ?* grogne Neurone, choqué, en tournant son museau de l'autre côté.

Mais sans tenir compte de son avis, Arthur l'emmène dans sa chambre. Il sent bien que le chiot n'est pas content, mais il vient de lire un guide sur le dressage des chiens. Pour une fois qu'il peut jouer au maître d'école !

— Premier test ! annonce le

petit garçon, très excité. Je te pose par terre et maintenant, je vais m'éloigner. Quand je taperai dans mes mains, tu devras venir vers moi immédiatement...

Arthur tape dans ses mains et attend. En guise de réponse, Neurone se met à se gratter nonchalamment une oreille, puis l'autre.

— Passons au test d'accompagnement ! soupire le petit garçon, en revenant près de son chien. Je vais m'éloigner de toi, et tu devras montrer ton obéissance en me suivant...

Dès qu'Arthur s'éloigne, Neurone s'occupe du bas de son dos, qui le démange aussi, curieusement...

— Bon, dit Arthur, en soupirant de plus belle. Troisième test... Je vais te mettre sur le dos et appuyer une main sur ta poitrine. Tu dois te débattre

un peu, puis te soumettre. Allez, sois gentil, ajoute-t-il, c'est pour s'amuser !

— Wouaf ! *Amuse-toi tout seul !* grogne Neurone.

Dans cette position, Neurone ne peut pas se gratter grand-chose, mais il trouve, faites-lui confiance ! Sa truffe fera l'affaire.

Arthur préfère ne pas insister. Il passe au test de domination sociale. Mettant Neurone à plat ventre, il lui caresse doucement le crâne et le dos. Normalement, le chiot

doit se débattre et se libérer. Mais que fait Neurone ? Il pousse un soupir et ferme les yeux pour piquer un petit somme !

Au bord des larmes, le petit garçon relève son chien et place un miroir devant lui. Ce que Neurone devrait faire, c'est regarder son reflet quelques

instants, les oreilles dressées, puis repartir. Mais non, il recommence à se gratter, quitte à regratter ce qu'il a déjà gratté !

— En fait, tu ne comprends rien ! gémit soudain Arthur. Mes parents m'ont acheté le chien le plus bête de la terre !

Et, à la grande surprise de Neurone, il éclate en sanglots. Aussitôt, Neurone arrête de se gratter. Qu'est-ce que c'est que ces grosses larmes ? Se dressant sur ses pattes, il s'approche de son maître et

se met à lui lécher les mains.

— Wouaf ! *Pardon, mon Tutur*, lui dit-il entre deux coups de langue.

Et savez-vous ce qui se passe ? Arthur prend le chiot dans ses bras et le serre contre lui. Quel petit chien intelligent ! Il a compris qu'il avait de la peine... Et le plus fou,

c'est que Neurone adore ça ! C'est doux, c'est chaud, c'est bon d'être un petit chien-chien à son Tutur, après tout !

— Je regrette de t'avoir fait passer ces tests, lui chuchote Arthur. On ne doit jamais faire subir à quelqu'un d'autre ce que l'on n'aimerait pas... ce que l'on ne voudrait pas... enfin, tu comprends ?

— Wouaf ! répond Neurone. *Mais s'il te plaît, mon Tutur, continue de me serrer contre toi, oui, comme ça, avec une petite gratouille derrière l'oreille...*

Wouaf ! je suis Chouchou, le caniche nain très coquet ! Moi, ce que j'aime, c'est la mode. Le dernier manteau tendance me fait craquer. Bijoux, parfums et rubans, je suis une vraie fashion victim. Manon, ma petite maîtresse, adore m'habiller comme une poupée. Ça tombe bien : sa mère a prévu un budget rien que pour moi. Tu verrais ma garde-robe : elle est digne de celle de la reine d'Angleterre !

2

Chouchou

Un cœur de star dans un corps de caniche : c'est Chouchou. Chouchou, la

belle, la douce, la parfumée, la bien peignée, la raffinée, l'élégante ! Elle a du chien, elle a du chic, et ce n'est pas sa petite maîtresse, Manon, qui s'en plaindrait. En fait, elles sont trois à adorer faire les boutiques pour toutous à la mode : Chouchou, Manon et sa mère ! Rien n'est trop beau pour la petite merveille, ni trop cher...

C'est vrai que la garde-robe de Chouchou est impressionnante... Pourtant, ce matin-là, Manon a beau passer en revue

avec Chouchou les nombreux manteaux, chaussons, tee-shirts, jupettes, chapeaux, foulards, qu'elle possède (assortis aux colliers et laisses, bien entendu), Chouchou trouve qu'elle n'a rien à se mettre.

— Wouaf ! fait-elle tristement, l'air abattu, en s'allongeant sur le sol, le museau

entre les pattes. *Je sens que je déprime...*

— T'en fais pas, ma Chouchou, lui chuchote sa maîtresse en la caressant, je suis sûre que Maman sera d'accord pour aller *Au Toutou dépensier* après l'école...

Manon ne se trompe pas : sa mère est d'accord. Elle est même ravie. À midi, Manon revient de l'école. La mère et la fille déjeunent en vitesse, tandis que Chouchou grignote dans son écuelle. Puis, le caniche choisit un petit

manteau écossais, et en route pour le *Toutou dépensier* !

— Ma petite Chouchou ! s'écrie la vendeuse en les voyant arriver. Comment vas-tu ?

— Wouaf ! répond Chouchou en remuant la queue avec hésitation, car elle n'est pas très sûre d'aller bien.

Après un tas de sourires et de compliments, la vendeuse guide ses chères clientes vers les cintres où sont suspendues des tenues plus adorables les unes que les autres. Il y a de tout : du classique et du branché, du sportif, des habits militaires, et même des blousons pour chiens motards. Chouchou hésite un peu devant un modèle orange qui se voit de loin, mais finalement, elle tourne la truffe en soupirant profondément.

— Et cet imperméable,

Chouchou ? propose la vendeuse. Il t'irait très bien. Avec sa capuche rouge, on te prendrait pour le Petit Chaperon rouge !

« Le Petit Chaperon rouge ? se dit le petit caniche, perplexe. Non, je n'ai aucune envie de me faire manger par le Grand Méchant Loup. »

— Je crois que rien ne lui

plaît aujourd'hui, dit Manon à la vendeuse avec un sourire désolé.

Celle-ci est déçue. Ce serait la première fois que ses clientes repartiraient sans rien acheter !

Soudain, son visage s'éclaire.

— Ah, dit-elle, je sais ! Il y a peut-être un modèle qui conviendrait à votre adorable caniche. Il est encore dans le carton... C'est un imperméable avec une capuche détachable, des poches sur le dos pour ranger le goûter et une doublure extra douce en coton...

Ouf ! On dirait que le modèle « Paris toutou » plaît à Chouchou ! C'est même le coup de foudre. Le problème, c'est que dehors il fait très beau...

Revenue à la maison, Chouchou se met à la fenêtre en regardant le ciel.

— Wouaf ! *Faites pleuvoir !* demande-t-elle à ses maîtresses. Mais pour une fois, celles-ci sont incapables de réaliser son souhait.

En fin d'après-midi, heureusement, comme si le dieu des

chiens gâtés avait entendu la prière de Chouchou, il se met à pleuvoir. Le petit caniche sautille de joie, tandis qu'on lui enfile son imper. Ça amuse beaucoup Manon, car d'habitude sa chienne refuse de se mouiller les pattes !

Très fière de son look, Chouchou s'élance dans le jardin. Mais à force de tourner la

tête de tous côtés pour vérifier qu'on l'admire, elle tombe dans une flaque ! Le chiot se relève, trottine jusqu'à une autre flaque et, cette fois-ci, saute dedans à pattes jointes !

— Chouchou, tu vas salir ton imper ! la prévient Manon.

Mais Chouchou a oublié

son imper. Soudain, elle trouve terriblement amusant de se mouiller. Elle se souvient que ses ancêtres adoraient l'eau et que, d'ailleurs, les caniches adorent nager !

Aussitôt, Chouchou se précipite au fond du jardin, vers la rivière. Manon est très surprise : son chien veut se baigner ! Elle jappe en montrant la rivière et horreur, elle essaie de se débarrasser de son bel imperméable tout neuf !

— Il faut peut-être la laisser faire, dit la petite fille à sa

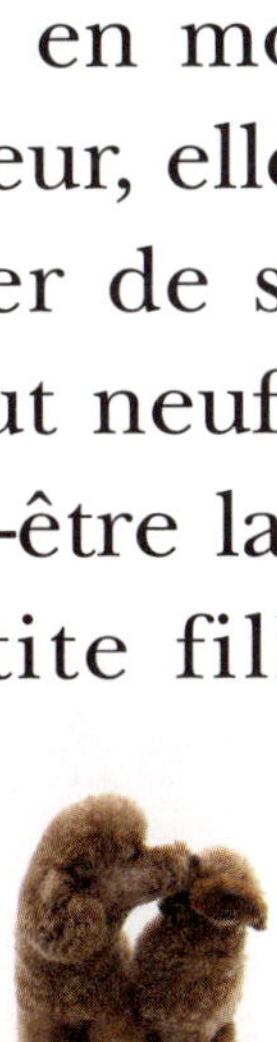

mère qui les a rejointes. Je vais lui mettre sa laisse pour qu'elle ne s'éloigne pas trop...

Quelques instants plus tard, toute nue – si on peut dire – Chouchou plonge dans l'eau. Ses maîtresses n'en reviennent pas. Un vrai poisson !

— Peut-être qu'on pourrait lui acheter un maillot de bain ? propose la mère de Manon, pleine d'espoir.

Wouaf ! je suis Junior, le caniche qui se croit le plus fort! Tu sais quoi? Je trouve que les caniches sont les plus beaux chiens qui existent. Les plus intelligents, les meilleurs acrobates ! Moi, quand je vois un berger allemand, je lui aboie dessus. Bon, d'accord, je ne ferais pas ça si ma petite maîtresse n'était pas avec moi, mais quand même, je suis courageux, tu ne trouves pas ?

3

Junior

La maison où habite Zoé, la petite maîtresse de Junior, est un vrai royaume. Disons

que c'est un royaume, parce qu'il y a un roi : Junior. Le petit caniche sait qu'il a tout le monde à ses pattes. Et c'est normal : il est tellement mignon ! Quand il pense à ces affreux toutous qu'ils rencontrent quand il sort avec Zoé : *pouah !* Ils sont vraiment affreux. Grands, gros, gras, gris... Lui, comme tous les caniches, est admirablement proportionné, joliment frisé, et dans son cas, délicieusement abricoté ! Sa démarche est légère, gracieuse et sautillante, il peut même

marcher sur deux pattes et en plus, c'est fou, il est le seul chien à ne pas perdre ses poils ! Du coup, on ne lui refuse jamais un câlin... bien joué, pas vrai ?

Mais Junior a quand même un problème : il aimerait que les autres chiens se rendent compte de la supériorité du caniche. Et, voyez-vous, comme

il fait vingt centimètres en tout, queue comprise, le message a du mal à passer... Mais Junior n'a pas dit son dernier mot. Et d'ailleurs, il commence même à avoir une petite idée derrière la tête. Sa maîtresse l'a sûrement compris, car depuis quelques jours elle l'entraîne à la corde à sauter...

— Wouaf ! *Allez !* jappe le chiot en sautillant jusqu'au portemanteau, dans l'entrée, où Zoé accroche la corde à sauter.

Zoé se met à rire : son chien

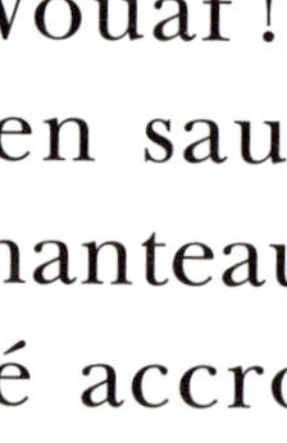

a de la suite dans les idées. On dirait qu'il a décidé de devenir un chien de cirque !

Elle attache la corde au pied d'une chaise, puis lève l'autre extrémité à la hauteur du chiot. Et *hop !* Junior saute d'un bond.

— Bravo, Junior ! le félicite Zoé. T'es le meilleur.

Junior pousse un bref aboiement. Ça, il le sait qu'il est le meilleur. Le tout, c'est que les autres chiens le sachent aussi !

Petit à petit, Zoé élève la corde et Junior saute de plus en plus haut avec une facilité étonnante. Zoé elle-même est impressionnée. Trente centimètres, puis quarante, quatre-vingts... Ce n'est plus un caniche, c'est une puce sauteuse !

— Félicitations ! dit-elle à son chien.

— Wouaf ! répond Junior, flatté. *Et maintenant*, ajoute-t-il en se dirigeant vers la porte, *si on allait faire un petit tour dehors ?*

Zoé lui met son collier, fixe la laisse et c'est parti ! Dès qu'il est dans la rue, Junior se met à renifler un peu partout pour apprendre les dernières nouvelles, celles que déposent

les chiens, quand ils font pipi.

« Tiens, se dit-il, en s'arrêtant au pied d'un arbre, Gypsie est passée par là. » Gypsie est une petite Jack Russel tellement mignonne que Junior lui pardonne de ne pas être un caniche...

Entraînant sa maîtresse plus loin, il s'approche d'un lampadaire. Junior s'arrête et renifle. Et là, il se met en colère. Un chien a recouvert de son odeur celle de tous les autres, y compris celle que Junior avait laissée hier. C'est

Costaud, un grand berger allemand, qui proclame qu'il est le plus fort du quartier !

« Et tout ça parce qu'il lève la patte plus haut que les autres », grogne Junior. Eh bien, c'est ce qu'on va voir !

Tirant sur sa laisse pour prendre du recul, le chiot s'éloigne à trois mètres environ du poteau. Soudain, à la grande surprise de sa maîtresse, il s'élance et court, court, au triple galop ! Arrivé presque au pied du lampadaire, il bondit et s'élève à une hau-

teur de plus d'un mètre en envoyant son jet à ce moment précis. Puis, il retombe impeccablement sur ses pattes...

Très fier de lui, Junior revient vers sa maîtresse. Maintenant, tous les chiens du quartier vont croire qu'ils ont un voisin caniche qui fait plus d'un mètre de haut !

Zoé regarde son chien, en se demandant si elle a bien compris ce qu'il avait essayé de faire.

Malheureusement pour Junior, elle n'est pas la seule à avoir compris ! Tandis que le petit chien fanfaronne, le pompon de sa queue battant l'air avec vigueur, elle se

retourne en entendant un jappement ironique.

— Oh, crie-t-elle, regarde !

Junior s'avance entre les jambes de sa maîtresse et... « *Gloups !* » se dit le petit chien. Costaud est là, les babines retroussées en un large sourire moqueur. Puis, il fait demi-tour et s'éloigne en laissant son message sur tous les poteaux qu'il rencontre. Avant la fin de la soirée, tout le quartier saura ce que Junior a essayé de faire...

Pauvre Junior, il tire sur sa

laisse pour rentrer vite à la maison. Il n'a plus qu'une seule chose à faire : attendre de faire vraiment un mètre de haut !

Tu as aimé les aventures
de Neurone, Chouchou et Junior,
les caniches ?
Alors regarde vite page suivante,
pour découvrir d'autres histoires
de chiens !

1, 2, 3 histoires de Labradors !

Tout le monde aime
les labradors !
C'est normal : ils sont
aussi intelligents
que gentils !

Viens vite découvrir
leurs histoires !

Pour savoir quand sortiront de
nouvelles histoires de chiens,
inscris-toi à
la newsletter du site :

www.bibliothequerose.com

Table

« Pour l'éditeur, le principe est d'utiliser des papiers composés de fibres naturelles, renouvelables, recyclables et fabriquées à partir de bois issus de forêts qui adoptent un système d'aménagement durable. En outre, l'éditeur attend de ses fournisseurs de papier qu'ils s'inscrivent dans une démarche de certification environnementale reconnue. »

Imprimé en France par Jean-Lamour - Groupe Qualibris
Dépôt légal : mars 2009
20.24.1556.8/01 – ISBN 978-2-01-201556-2
Loi n°49-956 du 16 juillet 1949
sur les publications destinées à la jeunesse